HENRI LE FLOCH, S. Sp.

Supérieur du Séminaire Français de Rome

LES ÉLITES SOCIALES

ET LE SACERDOCE

Messis quidem multa, operarii autem pauci. Rogate ergo Dominum messis ut mittat operarios in messem suam.

La moisson est abondante et les ouvriers peu nombreux. Priez donc le Maître de la moisson pour qu'il envoie des ouvriers dans sa moisson.

(S. MATTH. IX, 37-38.)

PARIS

PIERRE TÉQUI, LIBRAIRE-ÉDITEUR

82, RUE BONAPARTE, 82

—

1916

4e TIRAGE

LES ÉLITES SOCIALES

ET

LE SACERDOCE

HENRI LE FLOCH, S. Sp.

Supérieur du Séminaire Français de Rome

LES ÉLITES SOCIALES

ET LE SACERDOCE

Messis quidem multa, operarii autem pauci. Rogate ergo Dominum messis ut mittat operarios in messem suam.

La moisson est abondante et les ouvriers peu nombreux. Priez donc le Maître de la moisson pour qu'il envoie des ouvriers dans sa moisson.

(S. MATTH. IX, 37-38.)

PARIS

PIERRE TÉQUI, LIBRAIRE-ÉDITEUR

82, RUE BONAPARTE, 82

1916

4e TIRAGE

DÉDIÉ

AUX PÈRES, AUX MÈRES, AUX FILS

DE FAMILLE

La rapidité avec laquelle se sont épuisés les premiers tirages de cet appel, nous amène à en faire une nouvelle édition.

Les encouragements les plus significatifs nous sont venus de la part de nombreux évêques de France et d'autres nations, de la part des membres les mieux informés de la curie romaine, par-dessus tout de Notre Saint-Père le Pape Benoît XV, qui nous a honoré d'une lettre autographe. Des familles catholiques, des plus honorables par leur rang social, nous ont exprimé leur satisfaction et leur gratitude.

Nous avons donc l'espoir que les bénédictions et les vœux qui sont tombés sur ces humbles pages les rendront fécondes pour la gloire de Dieu et le salut des âmes.

Rome, le 8 Septembre 1916,
en la fête de la Nativité de la Sainte Vierge.

H. Le F.

LETTRE AUTOGRAPHE

de Sa Sainteté le Pape BENOIT XV

A notre cher Fils
Henri LE FLOCH

DE LA CONGRÉGATION DU SAINT-ESPRIT
SUPÉRIEUR DU SÉMINAIRE PONTIFICAL FRANÇAIS DE ROME

CHER FILS,

Nous avons pris connaissance, Nous-même, avec un intérêt tout particulier de votre belle et forte étude, *Les Élites sociales et le Sacerdoce*, pages très importantes par les pensées vivantes qu'elles renferment et par l'exposé très lucide que vous en avez fait, relativement à une question essentielle et capitale pour l'Église et pour la société à toutes les époques, et qui revêt dans les temps présents un caractère encore plus grave. Car ce n'est pas seulement en France que le nombre des ouvriers évangéliques ne

suffit plus à la moisson des âmes. En plusieurs autres pays catholiques, la disette des
ministres sacrés se fait aussi tristement sen-
tir, et vous avez fait œuvre très utile et
salutaire, en rappelant avec une grande élévation de jugement, que toutes les classes
de la société ont le devoir de répondre à la
grâce de l'appel au sacerdoce.

Vous avez obéi à une inspiration très
opportune en publiant votre étude au milieu
des événements tragiques de la guerre, dans
des circonstances qui sont favorables à l'ascension des esprits vers les choses supérieures et bien propices à la méditation de tous
les devoirs.

Le sacerdoce est la lumière du monde et
le sel de la terre ; il est, comme vous le dites
fort bien, l'honneur des familles et le rempart des sociétés. Son rôle ne peut être que
de premier ordre dans les restaurations
futures.

Nous souhaitons donc, en conséquence,
que tous les cœurs chrétiens associent leurs

efforts et leurs prières en une sainte croi-
sade. Que les pères et les mères de famille
ne craignent point de diriger le regard de
leurs enfants vers les radieuses clartés du
sanctuaire ; que les prêtres à charge d'âmes
mettent tout leur zèle à découvrir et à culti-
ver les prédispositions au sacerdoce ; que les
maîtres chrétiens aient cette constante
préoccupation dans l'œuvre de l'enseignement et que les évêques donnent l'impulsion
et la coordination à tous ces efforts.

Comme gage des faveurs célestes et en
témoignage de Notre paternelle bienveil-
lance, Nous vous accordons de tout cœur à
vous, aux directeurs et aux élèves, présents
et absents, du Séminaire Pontifical Français,
le bienfait de la Bénédiction Apostolique.

Du Vatican, le 9 Août 1916.

BENEDICTUS PP. XV.

Lettre de Son Éminence le Cardinal BILLOT

———

Rome, 24 mai 1916.

Mon Très Révérend Père,

En vous rendant les bonnes feuilles de votre étude sur « Les Élites Sociales et le Sacerdoce », je ne puis m'empêcher de vous dire le contentement que m'a fait éprouver la lecture de ces belles et fortes pages, si rigoureusement exactes quant à la doctrine, si parfaitement mesurées quant à l'appréciation des faits, et surtout si opportunes au point de vue des graves nécessités de l'heure présente.

Vous avez estimé, et avec infiniment de raison, que les circonstances exceptionnelles que nous traversons, seraient favorables à un appel adressé aux hautes classes de la société, depuis trop long-temps déjà déshabituées de fournir au recrutement du clergé le contingent qu'elles lui devraient.

A quoi attribuer cette désertion, qui est un fait

relativement nouveau, ne datant, comme chacun sait, que de l'époque de la Révolution? Faudrait-il peut-être en chercher la cause, ou unique ou du moins principale, dans l'ordre des intérêts matériels et mondains que l'Église, désormais déchue de son rang politique et dépossédée de son patrimoine temporel, ne peut plus maintenant satisfaire comme elle le pouvait autrefois? Non, vous n'y songez seulement pas, vous gardant bien de faire peser sur tant d'excellentes familles qui donnent tous les jours de leur attachement à la religion les plus éclatantes preuves, une accusation que rien ne justifie, que tout au contraire dément et contredit.

Mais il y a bien d'autres raisons, et en particulier celle que vous appelez très justement la notion inexacte et outrée du sacerdoce et de la vocation sacerdotale. C'est qu'en effet le diable qui ailleurs s'emploierait volontiers auprès des parents et des enfants pour leur faire envisager le sacerdoce comme une de ces carrières quelconques que l'on choisit ou que l'on rejette au mieux des intérêts de ce bas monde, prend ici une attitude toute contraire, et use d'un artifice diamétralement opposé. Le sacerdoce devient tout à coup chose si idéale, si sublime, si élevée, requérant tant de conditions transcendantes, qu'à peine se rencontreraient deux ou trois hommes par siècle capables d'y prétendre. Et le résultat est facile à prévoir.

Les parents ne cultivent pas dans leurs enfants les germes de vocation, ils ne dirigent pas de ce côté leurs pensées et leurs réflexions, ils ne leur font pas entrevoir l'appel possible de Jésus, si encore ils ne les préviennent contre ses avances. D'où il s'ensuit que ceux-ci, le moment venu de choisir un état de vie, passent à pieds joints sur la question de l'entrée dans les ordres, comme on passe sur une impossible hypothèse à laquelle il serait absurde de s'arrêter, ne fût-ce qu'un instant, Et pourtant, combien parmi ces jeunes gens, qui auraient, par la grâce de Dieu, cette intention droite, cet amour des âmes, ce goût des choses saintes, cette probité de vie, ce premier acquis de vertu, gage de l'avenir, qui en somme constituent tout le substantiel de ce qu'on est convenu d'appeler la vocation sacerdotale!

Combien qui, s'ils voulaient bien écouter, entendraient Jésus leur dire comme à saint Pierre : « M'aimes-tu? Et si tu m'aimes, dévoue-toi pour les âmes que j'ai rachetées de mon sang! » Combien par conséquent, qui sans s'en douter, se mettent dans le cas du jeune patricien de l'Évangile, lequel, ainsi que vous le faites observer dans une phrase digne de Tacite, eût été peut-être un évangéliste de plus, un des maîtres de l'humanité : « Mais non, il ne fut qu'un propriétaire, il administra ses biens, et il mourut. »

Tout cela, conséquences d'idées fausses, d'appré-

ciations exagérées, de fâcheux préjugés que votre excellent écrit, mon Révérend Père, est éminemment propre à dissiper. J'oubliais une autre chose que vous touchez avec un grand sens des besoins de l'heure actuelle; j'entends les vocations tardives, intéressantes à tant de points de vue divers, et en particulier à celui de la précieuse contribution que peut apporter au ministère des âmes l'expérience acquise du monde et de la vie.

Je voudrais donc avoir en mon pouvoir ces « fata » des petits livres dont parle le poète, car alors je vous assure que le vôtre aurait vite fait de pénétrer dans tous les milieux auxquels il est destiné. Du moins pourrai-je former un vœu, et demander à Notre-Seigneur qu'il daigne l'exaucer pour sa plus grande gloire et le plus grand bien des âmes. C'est ce que je fais du meilleur de mon âme, en vous priant, mon Très Révérend Père, de vouloir bien agréer l'hommage du religieux respect avec lequel j'ai l'honneur de me dire

Votre très humble et très dévoué serviteur en N. S. J. C.

Louis Card. BILLOT, S. J.

AVANT-PROPOS

L'attitude des séminaristes, des prêtres, des religieux, arrachés au sanctuaire, au service des âmes, à la paix du cloître, a été magnifique pendant la guerre. Les événements eux-mêmes se sont chargés de mettre en relief leur ferveur patriotique comme leur autorité morale. Sur les champs de bataille, au fond des tranchées, dans les assauts, leur sang a été généreusement versé, tandis que la force de leur exemple et le contact de leur foi emportaient les âmes vers des prodiges d'héroïsme.

Ce n'est pas seulement au front, mais dans toute l'étendue du territoire que le clergé français a été à la hauteur de ses devoirs. Là où plus d'une fois des organismes officiels se sont révélés inaptes ou nuisibles, les évêques, à la tête de leurs prêtres et de leurs fidèles, se sont montrés les défenseurs de la cité, les dignes successeurs de saint Remy, de saint Loup, de saint Aignan, de saint Germain d'Auxerre. Leur action pastorale, qui vise d'abord l'intérêt des âmes, s'est déployée avec un succès merveilleux pour l'intérêt de la patrie, maintenant la patience, le courage, la confiance, dans l'unité des pensées et des sentiments, rappelant à tous la parole des Écritures que si le Seigneur ne garde les remparts de la cité, c'est en vain que les hommes batailleront. On apprendra un jour ce qu'auron. fait les évêques et les prêtres dans les contrées envahies. Des échos ont passé à travers les bruits de guerre, qui disent le crédit incomparable de l'Évêque de Lille devant l'ennemi et la dignité inflexible de l'Archevêque de Cambrai.

Hors les frontières de la patrie, le prêtre et le religieux français, au sein des nations neutres et alliées, ou dans les régions d'apostolat lointain, ont travaillé avec efficacité non seulement à détruire les préventions et les préjugés, mais encore à gagner à notre pays le renfort des amitiés qui comptent pour la victoire.

La guerre a trouvé le clergé français prêt à tous les hauts faits, malgré les dédains officiels, les persécutions sectaires et les lâches abandons. C'est que la France, nation épique et chevaleresque, est à la fois une terre militaire et une terre sacerdotale. Elle a toujours excellé dans la formation des soldats et des prêtres, parce que le soldat et le prêtre, c'est l'immolation et le sacrifice, sous les deux formes les plus élevées.

Quand refleurira la paix, verra-t-on tous les Français assagis par l'épreuve, grandis par les leçons reçues, oublieux des disputes politiques et des discordes sociales, tous confondus dans le doux bercail du patriotisme et de la foi? Il serait illusoire d'attendre un pareil triomphe. Mais le rôle du clergé, facilité par les circonstances, peut et doit devenir un rôle de premier ordre en vue des restaurations nécessaires. En conséquence, il est indispensable que ses cadres soient réorganisés et remplis au plus vite. Pour cela, la patrie devra restituer à l'Église le sang deux fois sacré de ses prêtres, et il convient que le sanctuaire soit repeuplé par le concours de toutes les classes de la société, y compris celles qui en avaient déserté le chemin. Les grands et les humbles, les riches et les pauvres doivent à l'Église l'impôt du sang, comme ils le doivent à la patrie. Il est urgent que des âmes d'élite accourent de tous les horizons au service des autels : des petits séminaires, des collèges libres, des lycées de l'État, des universités officielles : qu'il en vienne des lettres, des sciences, des arts, de l'industrie, du commerce, comme du « labourage et pâturage qui sont les mamelles de la France ».

Ces pages auront atteint leur but, si elles ont la vertu d'incliner des âmes vaillantes et généreuses à s'inscrire au service de Dieu et de l'Église. On assure que la guerre a été pour beaucoup une école de grandeur d'âme et une inspiratrice de vouloirs sublimes. Qu'ils viennent donc, ceux qui auront gardé la virginité de leur cœur et la splendeur de leur caractère, ou qui, purifiés, transfigurés par la vision de la mort et du péril quotidien, se sentiront le courage de faire, avec la grâce divine, l'ascension des sommets radieux de la vertu et du sacrifice dans le sacerdoce de Notre-Seigneur Jésus-Christ.

H. Le Floch.

Rome, Séminaire français, le 10 Mai 1916, en la fête du Patronage de saint Joseph.

LES ÉLITES SOCIALES ET LE SACERDOCE

I

Pénurie des vocations ecclésiastiques à notre époque. — Etat général de la question.

Des cris d'alarme se sont fait entendre, depuis un certain nombre d'années, relativement à la grave question de la pénurie des vocations ecclésiastiques. Ceux qui se donnent la peine de réfléchir à ce problème angoissant et d'une actualité redoutable, acquièrent vite le sentiment très net d'être en présence d'un grand péril pour l'Église, et, par une conséquence immédiate, pour la société elle-même.

L'insuffisance des vocations sacerdotales a sévi avec une particulière acuité, à diverses époques, notamment aux temps de la Réforme, en plusieurs pays de l'Europe. Il en fut de même après la Révolution en France. Si la renaissance religieuse, qui suivit cette terrible commotion, multiplia les vocations ecclésiastiques, elle ne put réussir pourtant à faire retrouver à tous les diocèses le nombre de prêtres réclamé par les besoins du saint ministère.

Dans le dernier quart du dix-neuvième siècle, l'hostilité des pouvoirs publics développa encore les causes profondes et les causes occasionnelles de la raréfaction des vocations sacerdotales. L'affaiblissement de la foi, la disparition des habitudes chrétiennes du foyer domestique, l'abaissement des caractères, le matérialisme et le positivisme, l'impiété croissante, la création des écoles neutres et athées pour les masses populaires, la perversion de l'enseignement de la philosophie et de l'histoire dans les établissements de l'État, les complots des sociétés secrètes, ce sont autant de causes qui, en favorisant les erreurs et les préjugés contre la religion, expliquent aussi la désertion du sanctuaire. Si l'on ajoute à cela que, dans les rangs mêmes des catholiques, on voyait trop souvent l'idéal chrétien obscurci, l'Évangile tronqué, le dogme altéré, la morale divine diminuée, on aura le dénombrement des principales influences qui entrent en jeu dans la question présente.

Mais la conspiration de l'impiété enveloppe moins la religion que le prêtre; car la religion, abstraction faite de ses ministres, ne gêne guère les passions humaines. On a donc agi dans le concret : on s'en est pris au prêtre en personne qui, tout d'abord, s'est vu défiguré, caricaturé dans les théâtres et dans les romans, dans la presse et dans les publications frivoles, là où tant de gens s'en vont exclusivement chercher leurs idées et les éléments de leurs appréciations. C'est ainsi qu'à la place du ministre du Christ chargé de conduire les âmes à Dieu, a été exhibé un homme dont l'ambition se borne, a-t-on dit avec infiniment d'esprit, « à engraisser poulets et canards et à prendre des truites ».

Après de tels préludes, survient à son heure la persécution légale. Le clergé régulier dont les services dans le ministère pastoral, dans l'enseignement et dans toute la variété des œuvres, étaient si justement recherchés et goûtés, se voit chassé sans pitié et prend le chemin de l'exil. Pour ce qui est du clergé séculier, des mesures sont prises afin, s'il se pouvait, de le faire mourir de consomption. Les immunités ecclésiastiques sont méconnues, les séminaires sont dégarnis, une main sacrilège est mise sur les fondations pieuses; en un mot, l'État se sépare violemment de l'Église. Toutes les préventions sans fondement, toutes les injures sans nom, toutes les spoliations ont entravé ou restreint l'action salutaire de l'Église et achevé de faire passer le prêtre, aux yeux de beaucoup d'ignorants, comme l'éternel ennemi de la société, parce qu'il est établi pour l'avertir, pour la reprendre et pour la corriger.

Dans ces conditions comment la source des vocations pourrait-elle être abondante?

Et pourtant le prêtre est nécessaire, car il est le moteur de la vie dans l'Église, l'instrument par lequel le Fils de Dieu accomplit l'œuvre de la Rédemption. Les vertus chrétiennes, qui sont la force de ce monde et sans lesquelles il n'y a plus ni droit, ni justice, ni société possible, ne peuvent se maintenir et se propager que par le ministère du prêtre. Dans les beaux siècles de l'Église, le clergé séculier et le clergé régulier, en phalanges serrées, marchaient à la conquête des âmes, entraînés par une sainte émulation. De nos jours, ce double clergé souffre de la même pénurie, et plus la société a besoin d'être régénérée, plus les rangs s'éclaircissent de tous côtés dans la tribu lévitique.

Comment expliquer cette pénurie au point de vue de la Providence qui domine et dirige les événements de ce monde? La sagesse de Dieu, qui a fondé l'Église et lui a tracé sa mission rédemptrice le long des âges, ne peut lui refuser ce moyen de vie et d'action. Aussi bien les célestes

semences sont-elles jetées avec profusion au sein
des familles chrétiennes; et, s'il est un grand
nombre d'âmes, dans lesquelles ces germes se
dessèchent avant de porter des fleurs et des
fruits, la faute n'en est pas à Dieu. Les créatures
libres, élevées à la dignité de causes, peuvent ne
pas répondre aux desseins de Dieu en ce qui concerne les « vocations ». En conséquence, si les
ministres de Dieu sont en nombre insuffisant
pour le bien des âmes, c'est la faute de ceux que
Dieu a chargés d'y veiller. C'est aux hommes
oublieux de leurs devoirs qu'il y a lieu d'imputer
le spectacle navrant des régions infertiles et dis-
graciées où la vocation ecclésiastique a cessé de
germer et de croître.

II

Défection des classes dirigeantes

Un symptôme très grave du mal consiste en
ce que les classes qui ne récusent point la quali-
fication de classes dirigeantes, la bourgeoisie
fortunée, l'aristocratie de la naissance, celle de
la culture intellectuelle et celle des professions
libérales, ont répudié pour leur compte, depuis
1789, le ministère ecclésiastique. Qui ne sait

que c'est un phénomène assez rare de voir surgir de ce côté des vocations sacerdotales, tant l'exemption du service religieux est devenu, dans ces milieux sociaux, comme un apanage acquis à la condition?

Cette constatation douloureuse a été faite par des historiens comme Taine, par des philosophes comme de Maistre, par des sociologues comme Le Play, par des publicistes comme Louis Veuillot, surtout par des évêques comme Mgr Gerbet, Mgr Berteaud, le cardinal Pie et beaucoup d'autres.

Faut-il expliquer en partie cette abstention des classes élevées par un levain persistant des idées de Voltaire, des théories des prétendus philosophes et économistes du dix-huitième siècle? Un fait indéniable est que, depuis plus d'un siècle, les fortes populations rurales et les classes ouvrières ont fourni la quasi totalité des aspirants au sacerdoce. Presque partout les riches se sont désintéressés de la carrière sacerdotale et ont laissé à d'autres les postes de dévouement et de sacrifice.

Bien souvent il est arrivé dans les familles fortunées que, si les âmes d'enfants, favorisées du don de la grâce divine, témoignaient une piété plus vive et dirigeaient vers le sanctuaire leurs regards et leurs espérances, loin de seconder ces dispositions naissantes pour le sacerdoce, digne pourtant de leurs prédilections, les parents, dans leurs inquiétudes et leurs alarmes, semblaient le redouter comme un malheur et n'épargnaient rien pour orienter vers d'autres horizons ceux qui se seraient si bien acquittés du service des autels.

Quelles peuvent être les causes spéciales de cet état d'esprit? J'entends parler de ceux qui se considèrent encore comme vraiment catholiques. Parmi ces causes, j'ose à peine indiquer, sans m'y arrêter, le cas lamentable de familles françaises à la formation desquelles président des calculs qui n'ont rien à voir avec le précepte divin : *Crescite et multiplicamini.* Que dire de ceux qui portent, en ce qui les concerne, la lourde responsabilité d'un fléau qui appauvrit et menace la société, en même temps qu'il attriste et désole l'Église?

En écartant de cet examen la plaie hideuse de la stérilité systématique du mariage, contre laquelle il n'y aura jamais assez d'anathèmes, est-il juste d'affirmer que les familles chrétiennes appartenant aux classes élevées ont abandonné leurs traditions de dévouement à l'Église, sinon en lui refusant leur or, du moins en ne payant plus l'impôt du sang? Sans doute il est vrai que bien souvent, là aussi, là surtout, l'attrait du luxe et du bien-être, le goût de la paresse, du

plaisir et de la vanité s'insinuent de bonne heure
dans les âmes. Il est vrai pareillement qu'une
éducation empreinte de mollesse étouffe cette
noble ambition, ces aspirations supérieures qui
se réalisent dans une vie d'apostolat. Mais est-il
équitable de soutenir que les anciennes familles,
qui jadis peuplaient les évêchés et recherchaient
les gros bénéfices, se sont écartées du clergé pour
l'unique ou la principale raison que celui-ci a
cessé d'être constitutionnellement le premier
corps de l'État, et se trouve dépouillé de tout
ce qui peut tenter l'orgueil et la cupidité? Peut-on
avancer, sans réserve, que la bourgeoisie, en ce
qui la concerne, a failli à son devoir en n'appré-
ciant les carrières humaines que par ce qu'elles
rapportent en argent, en confortable, en considération?

Ces affirmations, si elles comportent une certaine part de vérité, ne sont pas fondées en tous
points. Il y aurait là d'abord une méconnais-
sance de la dignité sociale du clergé, qui demeure
assurément encore, pour les mêmes raisons
fondamentales, le premier corps de l'État. Une
vénérable marquise, de celles qui tiennent en
haute estime la condition acquise dès le berceau,
disait un jour, sous la troisième République :
« Etre d'Église est incontestablement le titre de
la plus haute aristocratie, et le caractère sacer-

dotal confère toujours la première des noblesses. »

Il y aurait d'autre part, dans cette ingratitude complète envers Dieu et envers l'Église, un état d'âme qui ne correspondrait point aux sentiments traditionnels de familles qui donnent par ailleurs de preuves éclatantes de leur valeur et de leur générosité. L'esprit d'immolation n'a-t-il point éclaté au cours de la présente guerre chez les héritiers des vieux noms et des grandes fortunes? Dans ces mêmes foyers n'ont point cessé de fleurir les vocations sublimes de femmes pour les Ordres les plus sévères et les plus humbles. Les descendants qui ont dégénéré sont en général capables de réagir contre les courants établis, qui entraînent vers des attitudes défectueuses, grâce à la complicité de la routine, de l'imitation et du parti-pris.

III

Notions inexactes et outrées
du sacerdoce et de la vocation sacerdotale

L'explication du nombre restreint des vocations ecclésiastiques qui sortent des classes prépondérantes, pourrait se trouver en grande partie dans un concept de l'état ecclésiastique, à la fois très élevé et très compliqué, lequel, à force de sublimité et de complexité, dépasse les limites du réel et du vrai et a pour effet de paralyser les bonnes volontés. Dans un nombre considérable de ces familles, il n'y a ni calculs d'égoïsme ni manque d'idéal. Le catholicisme y est souvent plein de vie et d'action. Pour elles le sacerdoce est toujours le premier besoin, le premier rempart, le premier honneur des sociétés. Le prêtre y apparaît un autre Christ, l'intermédiaire entre Dieu et les hommes pour les actes religieux les plus graves. On le voit rempli des dons divins pour opérer la glorieuse transformation de l'ordre surnaturel, en conférant à la créature la vie même de Dieu, en immolant la Victime par excellence dont l'infinie majesté égale Celui à qui Elle est offerte. Voilà la grandeur et l'excellence du prêtre, et, dit-on, pour monter si haut, il faut une sainteté dont nous ne découvrons point d'indices chez nos enfants. Leurs imperfections et leurs défauts ne leur permettent point d'avoir de pareilles visées. En réalité, pour qui examine de près toutes choses, ce sont les parents eux-mêmes qui ne savent point discerner dans ce cas, à travers la turbulence de l'âge et l'inconstance du caractère, le sérieux des aspirations d'une âme droite et ingénue.

Assurément le prêtre doit être vertueux et

saint pour devenir le sel de la terre et la lumière du monde. La pureté de sa vie doit égaler l'élévation de son caractère. Sa charge est redoutable aux anges mêmes et il porte le poids d'une responsabilité qui honore et qui écrase. En dehors des splendeurs de la vie humano-divine du Souverain Prêtre qui est Jésus-Christ, où serait la vertu assez parfaite et l'intention assez haute pour répondre comme il conviendrait aux exigences de cette suréminente dignité ?

Tout cela est exact ; mais au point de vue pratique, il est nécessaire de ne pas oublier que des grâces sans nombre préviennent et corroborent la bonne volonté, au cours de la longue et austère préparation du séminaire, dans une solitude pleine de Dieu. Il y a l'entraînement dans l'exercice des vertus sacerdotales, auxquelles on s'accoutume, comme on s'accoutume à d'autres choses difficiles et pénibles. Il y a les épreuves variées, l'examen attentif, la vigilance des directeurs, tout ce qui transforme une âme et peut la faire resplendir comme les étoiles du ciel.

D'autre part, si « nul ne doit usurper l'honneur du sacerdoce » (¹), il n'est pas dans ce cas celui qui, loin de s'introduire frauduleusement dans le bercail, reçoit son appel de l'autorité des pasteurs

.

______

(¹) Hebr., V, 4.

légitimes. « Ceux-là sont dits être appelés de Dieu, selon le catéchisme du concile de Trente, qui sont appelés par les ministres légitimes de l'Église. » Mais l'homme a reçu le don précieux de la liberté, et c'est librement qu'il doit marcher vers sa fin. Il est dit à Dieu dans l'Écriture : *Cum magna reverentia disponis nos* (¹). Dieu respecte la dignité de notre personne par la liberté qu'il nous laisse d'accepter son invitation, même à de hautes destinées.

Un autre aspect de la question arrête plus encore certains parents lorsqu'ils fixent leur pensée sur l'avenir mystérieux de leurs fils. On entend dire dans des foyers sincèrement catholiques, le plus souvent à des mères : « Je serais heureuse si mon fils, si l'un de mes fils devenait prêtre. Quel bonheur s'il était appelé ! Mais il n'a pas la vocation. » La « vocation » apparaît alors comme une entité métaphysique qui est ou qui n'est pas, et contre cette fatalité il n'y a rien à faire. Si elle existe, elle est tombée comme un aérolithe du ciel, détachée, pour ainsi dire, des régions de la prédestination éternelle. Cette entité ultra-terrestre doit rayonner comme une langue de feu, afin de se manifester à tous par des signes indubitables, dans l'espace des corps sublunaires.

(¹) Sap., XII, 18.

Poser ainsi le problème en termes de métaphysique transcendante et en fonction de la prédestination, c'est en réalité le rendre insoluble, à moins d'une intervention divine extraordinaire, sur laquelle personne n'a le droit de compter.

Certes Dieu connaît de toute éternité, jusque dans les moindres détails, les êtres que dans les temps il appelle à l'existence, et le gouvernement de sa Providence s'étend non seulement à l'ensemble des créatures, mais encore à chacune d'elles en particulier, car « sa sagesse atteint avec force d'une extrémité du monde à l'autre et dispose tout avec douceur (¹) ». Nul déterminisme aveugle ne préside aux destinées humaines, comme l'ont prétendu de faux savants. Tous les événements heureux ou douloureux qui composent la trame d'une existence sont comme des moyens admirables, prévus dans le plan divin et concourant, avec l'adhésion libre de l'homme, à la fin que Dieu s'est proposée. Le Créateur infiniment sage, en jetant dans l'espace et le temps le monde sorti de ses mains, a dû lui assigner un but et une route, une fin et des moyens pour l'atteindre. L'idée d'une Providence dirigeant la marche de l'homme dans le chemin de la vie est une des plus vieilles, des plus universelles, des plus profondes croyances de l'humanité.

(¹) Sap. VIII, 1.

Outre cette Providence générale, il y a une Providence particulière pour l'Église placée au sommet des peuples, afin de les conduire au ciel. Dieu se doit à lui-même de veiller sur ce chef-d'œuvre de ses miséricordes et de susciter ceux qui devront être les ministres de ses autels. C'est pourquoi Il a semé avec profusion au sein des populations fidèles les grâces qui transforment les âmes et font surgir les médiateurs qui participent au sacerdoce de Jésus-Christ; car Dieu n'a pas coutume de mesurer parcimonieusement ses largesses : *Non enim ad mensuram dat Deus spiritum* (¹).

Mais Dieu exécute ses desseins éternels par le concours des volontés libres qui marchent à la lumière de la prudence chrétienne. Il peut, sans nul doute, intervenir directement dans le cours des événements et tracer sur des fronts la formule visible de sa volonté souveraine avec la clarté d'un axiome. Ce mode extraordinaire est celui du miracle. Qui peut, d'autre part, se flatter de lire sa destinée dans les décrets éternels? Ce serait une recherche vaine et puérile : « Qui a été admis aux conseils de Dieu? » Le seul problème à résoudre est de savoir dans quelles conditions la prudence chrétienne permet à un jeune homme de

----

(¹) JOAN. III, 34.

tendre légitimement vers le sacerdoce. C'est à
l'Église qu'il appartient de l'examiner et de
l'accepter. En un mot, il suffit pratiquement de
remplir les conditions, d'avoir les qualités physiques, intellectuelles et morales que la sagesse
et les lois de l'Église demandent à ceux qui dési-
rent entrer dans les rangs de la hiérarchie sacrée.

IV

Règles et directions

En gardant dans son esprit et dans son cœur
la pensée profonde et le sentiment très vif de la
sublimité du sacerdoce, on peut simplifier ce que
souvent on appelle le problème du discernement
de la vocation : il se ramène à se rendre compte,
pour soi-même et pour les autres, si, agissant
dans la pleine initiative de sa liberté, par l'examen de l'intelligence, du caractère et du cœur,
on constate en soi ou en autrui, avec une volonté
résolue et une intention droite, les aptitudes et
les vertus requises pour le sacerdoce, ou du
moins une espérance fondée d'acquérir les aptitudes et les vertus à un degré suffisant pour
l'état ecclésiastique. C'est de cet ensemble de
faits que l'on pourra conclure à la légitimité de

la marche en avant. Il s'agit, en un mot, de pouvoir répondre affirmativement à ces questions : « Voulez-vous sincèrement et avec droiture, dans l'amour de Dieu et des âmes, dans le goût des choses saintes, dans la probité de vie, être revêtu du caractère sacerdotal? A.ez-vous un espoir fondé de pouvoir devenir prêtre, à l'aide des moyens naturels et surnaturels, grâce à des dispositions initiales qui se développeront dans la suite? »

Si, au cours de cet interrogatoire, on a soin d'envisager ce qu'il y a de divin dans l'état ecclésiastique, les vues seront conduites dans la direction de celles de Dieu. Si pourtant, effrayé de son ignorance et de sa misère, on appelle Dieu au secours de l'incertitude et de l'obscurité de ses propres conseils, on cherchera et on trouvera la lumière et la force dans la prière et l'on attendra les secours d'en haut avec une confiance tranquille.

Mais la détermination d'un état de vie, même dans l'état social qu'est le sacerdoce, ne laisse pas que d'être aussi une question essentiellement personnelle. Il faut se consulter, puisque Dieu nous a donné le jugement et la raison, afin que nous nous en servions dans toutes les affaires qui nous regardent, mais particulièrement en celles qui sont d'une aussi grande conséquence que l'orientation définitive d'un avenir.

L'examen personnel se ramène aux trois opérations suivantes : prier, consulter, réfléchir. En d'autres termes, on a recours à Dieu, on s'adresse aux ministres de Dieu, on se consulte soi-même.

Les ministres de Dieu, en cette affaire, sont les confesseurs et directeurs; le père et la mère dont on a reçu la vie. Ceux-ci sont, après Dieu et selon l'ordre de Dieu, les premiers supérieurs de leurs enfants. Leur devoir fondamental est celui de l'éducation par laquelle ils feront acquérir à leurs enfants les qualités d'esprit et de cœur dont ceux-ci auront besoin. Quant à l'avenir, bien qu'il n'appartienne pas aux parents de disposer de leurs enfants en ce qui regarde leur état de vie et le choix qu'ils ont à en faire, les parents ont un droit de direction et de surveillance. Ils ont ce pouvoir en raison des charges qui y sont attachées. Il y a du reste une prudence humaine qui n'est pas contraire à la sagesse évangélique. L'abus est de n'écouter que cette prudence, de ne se conduire que d'après ses indications. Le devoir des enfants est donc de consulter leurs parents par déférence pour leur autorité.

V

Concours actif des parents

La coopération des parents est tout à fait dans l'ordre pour l'étude et la détermination d'un état de vie, qu'il s'agisse d'un état ordinaire ou d'un état plus spécial et plus saint. Il est conforme à la loi naturelle qu'ils distribuent autour d'eux les conseils de leur expérience et de leur affection. Cette coopération a son rôle dans la recherche, l'éveil, la culture des dispositions naissantes. Instruments et coopérateurs de la Providence, le père et la mère doivent avoir une foi profonde et raisonnée dans la grandeur, la dignité transcendante, la force divine du sacerdoce et savoir apprécier l'honneur qu'il leur vaut en pénétrant chez eux.

Leur premier devoir est de présider avec délicatesse à l'éveil des désirs qui se manifestent et d'en favoriser le développement. Qu'ils imitent avec foi ces parents qui vinrent à la rencontre de Jésus aux frontières de la Judée, sur la rive droite du Jourdain, rangeant leurs enfants sur son passage, afin qu'il daignât leur imposer les mains. Jésus prit dans ses bras ces êtres pleins d'innocence et de candeur, leur mit la main sur la tête, pour les bénir et comme pour les faire siens.

D'ordinaire, une détermination de cette nature ne se manifeste pas d'un seul coup, dans toute son étendue, elle se découvre peu à peu, Dieu sème des aptitudes au sacerdoce, et il appartient aux parents de seconder les desseins de Dieu.

Saint Gaudence, évêque de Brescia, le disait déjà vers la fin du quatrième siècle : « Les parents, « sans doute, ne peuvent pas commander à leurs « enfants un état qui implique la continence « perpétuelle, car ce ne peut être que l'effet « d'une détermination volontaire; mais ils peuvent « nourrir et diriger la volonté dans le sens de ce qui « est meilleur; à cette fin, ils doivent avertir, exhor- « ter, favoriser, se montrer plus désireux d'enga- « ger leurs fils à Dieu qu'au siècle, de telle sorte « qu'ils fournissent en la personne de quelques-uns « de leurs proches, incorporés à l'ordre du clergé, « de dignes ministres de l'autel, car il est écrit : « Bienheureux qui a sa descendance en Sion, « et des membres de sa maison en Jérusalem (¹) ! »

Le concours des familles entre dans l'économie des préparations providentielles et devient un

______

(¹) S. Gaudent, Ep. Brix, Sermo VIII, t. XX. Migne, p. 888-889.

adjuvant du plan divin. Il appartient à la mère chrétienne d'exercer un rôle prépondérant dans ce mystère des prévenances merveilleuses du Ciel. Son autorité s'insinue doucement dans le cœur de l'enfant et travaille de concert avec les influences secrètes de la grâce. Tout le long des siècles de foi, les femmes de piété et de haute vertu, qui ont été la gloire des foyers chrétiens, particulièrement en France, n'ont pas cru engendrer des vocations forcées, en invitant leurs fils à comprendre la beauté de l'appel au sacerdoce et à diriger le regard de leurs âmes vers cet idéal.

« La grande erreur de notre temps, écrivait
« le cardinal Pie, est que la vocation ecclésias-
« tique, au lieu d'être encouragée et préconisée,
« doit être de prime abord contredite et com-
« battue si bien qu'à force de les éprouver, on tue
« ordinairement les vocations qui ne sont pas de
« celles qu'une force transcendante d'en haut fait
« triompher de tous les obstacles. De là une façon
« d'agir tout opposée à celle qu'on observe par
« rapport aux autres carrières, pour lesquelles on
« cherche au plus tôt les écoles spéciales. Quand
« il s'agit de la carrière ecclésiastique, les parents
« d'une certaine condition commencent à se
« prononcer contre l'éducation des séminaires,
« et croient faire merveille en obligeant leurs

« fils à grandir dans des écoles d'ailleurs chré-
« tiennes, au milieu de condisciples dont les
« goûts et les exemples créent des entraîne-
« ments à peu près irrésistibles. Après cela,
« l'on entendra des pères et des mères, qui
« avaient plus d'une fois exprimé le désir de don-
« ner au moins à l'Église un de leurs fils, se lamenter
« de ce que celui qui leur avait inspiré de pre-
« mières espérances en manifestant de précoces
« dispositions, n'y ait pas persévéré. La faute
« en est le plus souvent aux parents. Si l'insti-
« tution des petits séminaires peut apparaître une
« création moderne, qu'on entende le pape saint
« Syrice dans sa première décrétale : « *Quicumque*
« *se Ecclesiæ vovit obsequiis a sua infantia, ante*
« *annos pubertatis..., lectorum debet ministerio*
« *sociari :* celui qui, dès l'enfance, s'est destiné au
« service de l'Église, doit, avant l'âge de puberté,
« être associé au ministère des lecteurs, » c'est-à-
« dire, être introduit dans le collège des jeunes
« clercs. Hors de là, dans notre temps surtout et
« sous les souffles de l'esprit moderne, le plus grand
« nombre des vocations avorteront immanqua-
« blement (¹). »

(¹) *Œuvres*, t. X., p. 205.

VI

Résultats pour les familles elles-mêmes

Les résultats de la participation des classes élevées au sacerdoce seront très heureux pour les familles elles-mêmes, pour l'Église et pour la société.

Sous l'ancienne Loi, le Seigneur s'était réservé les premiers-nés et accordait en retour de spéciales bénédictions. Dans la Loi nouvelle, qui est une loi de grâce et de liberté, l'appel au sacerdoce ne laisse pas que d'être une bénédiction pour les parents, les ascendants et tous les membres d'une famille. De ces bénédictions se privent ceux qui détournent de leur maison la faveur de la vocation ecclésiastique. Au lieu de développer dans de jeunes cœurs des ambitions naturelles et mondaines, combien vaudrait-il mieux leur faire comprendre que le meilleur parti que chacun puisse tirer de sa vie est de la passer au service exclusif de Dieu. Comme il serait plus salutaire de découvrir à l'enfant les avantages surnaturels de la sublime vocation sacerdotale! Le prêtre, intermédiaire entre Dieu et les hommes, devient logiquement médiateur dans sa propre famille. Il prie pour les vivants et il prie pour les morts. En consentant à s'oublier lui-même et à vivre pour les autres, il donne à tous l'exemple de la vertu. Lien entre ses frères et ses sœurs, il est leur conseiller désintéressé, l'arbitre de leurs dissensions et de leurs conflits, capable de les aider à régler leur vie d'après les principes de l'Évangile. Le père de saint François de Sales manifesta tout d'abord une grande opposition à la vocation de son fils. Plus tard, quand il comprit la grandeur de l'appel divin, il ne cessa de rendre grâces à Dieu.

L'orientation des élites sociales vers l'état ecclésiastique serait d'ailleurs un élément de solution de cette crise des carrières qui sévit présentement sur les familles françaises. Ce grave sujet a inspiré bien des livres et bien des publications. Les professions libérales, avant la guerre, se trouvaient encombrées et elles le seront sans doute encore à la paix. Depuis que, par une disposition fondamentale de notre droit politique, l'accès de toutes les professions sociales et de tous les emplois publics a été ouvert à tous, il y a assaut de requêtes et d'efforts, et partout on signale le désolant spectacle de l'absence du talent ou de sa stérilité ! On entre dans les carrières par engouement, par caprice, parfois par nécessité, sans goût, sans aptitude, et l'on y végète, après avoir été contraint de faire le siège en règle de sa situation.

Pourquoi les catholiques, fatigués d'avoir été si souvent décrétés d'ostracisme, lassés de ne compter pour rien dans la cité des hommes, pourquoi ne voudraient-ils pas appartenir plus étroitement à la cité de Dieu?

VII

Résultats pour l'Église et la société

Les années qui suivront la guerre semblent devoir être très favorables à une renaissance catholique. De sérieux indices permettent de le supposer. Depuis bien des années du reste, le monde est en travail d'un nouvel état de choses. Mais où est, en dehors de l'Église, la grande force capable d'assumer le rôle de présenter aux âmes l'idéal de beauté, de justice et de vérité, sans lequel elles ne peuvent atteindre leur fin? L'Église seule, vigilante et attentive, peut mener à bien cette œuvre redoutable. Déjà, pendant la guerre, l'Église a sauvegardé l'idéal en rappelant à tous les hommes les préceptes de la divine charité et en proclamant que les lois de la justice doivent dominer les luttes sanglantes des peuples.

On se plaît à espérer que la génération qui sortira des tranchées se mettra courageusement à l'œuvre pour dégager la France du sectarisme et du paganisme et pour y rétablir toutes choses sur les bases du droit chrétien respecté et professé par l'État. L'athéisme social est un fléau pour la germination des vocations sacerdotales. Au milieu des privations, des souffrances, du sacrifice héroïque de tant de vies, le niveau moral et religieux se sera haussé. On écoutera mieux ceux qui donnent pour but à l'existence autre chose que la poursuite de la richesse et la satisfaction des intérêts matériels. Les leçons de la guerre auront affiné le sens des réalités, dissipé bien des utopies et des rêves. Chacun se préoccupera mieux de l'avenir et du devoir, qui sera le sien, d'aider à réparer les désastres de la désorganisation sociale. Il semble bien aussi que l'esprit de tradition et de discipline remplacera en beaucoup l'esprit d'indépendance et de nouveauté. Des obstacles seront tombés et l'action sera plus facile, les esprits moins rebelles, les âmes moins fermées. Pourtant la guerre aura peu fait par elle seule. Elle donnera du moins la possibilité de faire beaucoup et, si l'on sait parler et agir, il pourra résulter des efforts de tous une renaissance religieuse qui sera la gloire du vingtième siècle.

Une question se pose : l'État français, qui

a fait la guerre à l'idée religieuse, chassé Dieu de l'école, rompu brutalement les liens qui l'attachaient à l'Église et au Saint-Siège, abandonnera-t-il définitivement les déplorables méthodes de gouvernement de parti, ou ne se cantonnera-t-il pas, comme dans une forteresse que n'auraient pu atteindre les obus ennemis, dans un laïcisme aveugle et béat, si préjudiciable aux vrais intérêts de la patrie? Verra-t-on se perpétuer la forme abjecte de l'anticléricalisme, maintenu, par les mêmes hommes sans tradition et sans idéal, dans un parlementarisme abâtardi, avec l'oubli des nécessités nationales, la surenchère des marchés politiques et des élections, les chicanes et les divisions d'avant-guerre et de pendant la guerre? Y aura-t-il des attaques nouvelles? Cherchera-t-on dans l'arsenal des lois des armes tristement démodées? L'Église sera-t-elle, au milieu des institutions publiques, la seule que l'on visera toujours? Le prêtre demeura-t-il l'éternel ennemi? Aura-t-on compris à quel point a été malfaisante, au dedans et au dehors, la persécution religieuse?

Il y a depuis un certain nombre d'années déjà — ce qui a été mis en relief pendant la guerre — il y a désaccord entre les principes affichés par le gouvernement français et les sentiments d'une grande partie de l'élite intellectuelle. Celle-ci proclame la force, la valeur, la survivance de la foi, considère la foi comme toujours capable de susciter des enthousiasmes et des dévouements, et d'ennoblir les âmes. Un très grand nombre de Français se persuadent de plus en plus de la nécessité de la vie religieuse et voient avec évidence, selon le mot du cardinal Pie, que la France est condamnée à n'être rien, si elle n'est pas la première des nations chrétiennes (¹).

Puisse-t-on comprendre qu'on n'établira la paix sociale en France qu'en accordant la paix religieuse, qu'en permettant à l'âme française de se rattacher à son vrai point d'appui : la foi catholique. Ce qui a fait la France, ce à quoi elle est redevable de son génie et de sa gloire, ce qui lui conserve encore, malgré tout, son influence dans le monde, ce sont les principes, les vertus, les inspirations, les enseignements et les exemples de l'Évangile et de l'Église. La moisson aura été préparée dans les tranchées par le sacrifice et par l'héroïsme. Les larmes, les souffrances, les deuils auront élevé les cœurs, et c'est dans cette glorieuse ambiance d'idées, de sentiments et d'actes, qu'il y a lieu d'espérer de voir s'augmenter le nombre des âmes sacerdotales.

L'Église et la France ont, à des degrés divers, la même vocation. Elles partagent les mêmes craintes et les mêmes espérances. C'est dans la

(¹) *Œuvres*, t. VII, p. 94.

vitalité du sacerdoce que l'une et l'autre trouve-
ront les principes efficaces de la régénération.

« Il y a dans le gouvernement naturel et dans
« les idées nationales du peuple français, disait
« ce voyant qu'était J. de Maistre, je ne sais
« quel élément théocratique et religieux qui se
« retrouve toujours. Le Français a besoin de la
« religion plus que tout autre homme; s'il en
« manque, il n'est pas seulement affaibli, il
« est mutilé (¹). »

Après la guerre, l'ordre paraît devoir être renou-
velé depuis le faîte jusqu'aux fondements. Avant
la guerre, on a vu à quel point la société était
branlante et désemparée. Le mal remonte aux
faux principes de la Révolution française, à
l'individualisme et à la laïcisation à outrance
de la société, jetée hors de toutes les traditions,
séparée de Dieu et corrompue par le culte exclusif de la richesse et du plaisir. Il s'agirait donc de
désarmer et de vaincre l'esprit révolutionnaire
qui a ravagé le pays, qui a déchristianisé la France,
qui l'a réduite par le sensualisme et l'incrédulité.
Cette rechristianisation de la France suppose des
efforts suivis dans tous les domaines de la pensée
et de l'action. Tous les Français sont appelés à
cette grande œuvre. Le clergé en première ligne
ne saurait faiblir. Bien plus, toutes les autres

____

(¹) *Du Pape,* p. 10.

forces de la nation doivent faire alliance avec le sacerdoce.

La renaissance, si elle se fait, se fera par le clergé. Mais il est indispensable qu'il y ait d'abord un clergé suffisant et ensuite que ce clergé soit capable de résoudre les questions, dans le ministère pastoral, dans l'enseignement et dans toutes les œuvres. A cette condition seulement, il sera le constructeur de l'avenir.

Parmi les questions qui demandent une solution pressante, il y a la question sociale. L'antagonisme des classes est le fait douloureux de notre temps. La guerre aura diminué les désaccords en unissant tous les cœurs, toutes les bonnes volontés dans un immense effort et un immense sacrifice pour la défense nationale. De nombreuses vocations, fournies par les élites sociales, auront une vertu dominante pour résoudre ces questions. Quand le peuple verra les fils des classes élevées quitter la vie commode et les habitudes de luxe pour épouser la condition modeste et pauvre du prêtre, alors il croira à l'intérêt que lui portent les classes riches. Car, s'il est vrai qu'au foyer domestique la paix ne peut régner tant que chacun, à commencer par les aînés, n'y fait pas son devoir, rien ne mettra fin aux dissensions de la société, aussi longtemps que les classes les plus influentes ne se rencontreront point avec les humbles, en la personne de leurs représentants, dans la sphère, jadis ambitionnée par elles, du service des autels.

J. de Maistre, écrivant après les désastres de la Révolution française et l'épuisement des guerres de Napoléon, proclame que le sacerdoce doit être l'objet principal des vues d'une société qui cherche à se reconstituer. Et il s'adresse particulièrement à la noblesse. « Le sacerdoce, écri-
« vait-il au début de la Restauration, doit être
« l'objet principal de la pensée souveraine. Si
« j'avais sous les yeux le tableau des ordinations,
« je pourrais prédire de grands événements.
« La noblesse trouve à cette époque l'occasion
« de faire à l'État un sacrifice digne d'elle. Qu'elle
« offre encore ses fils à l'autel comme dans les temps
« passés. Aujourd'hui on ne dira pas qu'elle n'am-
« bitionne que les trésors du sanctuaire. L'Église
« jadis l'enrichit et l'illustra; qu'elle lui rende
« aujourd'hui tout ce qu'elle peut lui donner,
« l'éclat de ses grands noms, qui maintiendra
« l'ancienne opinion, et déterminera une foule
« d'hommes à suivre les étendards portés par
« de si dignes mains; le temps fera le reste. En
« soutenant ainsi le sacerdoce, la noblesse française
« s'acquittera d'une dette immense qu'elle a con-
« tractée envers la France, et peut-être envers
« l'Europe (1). »

(1) *Du Pape,* discours préliminaire.

Les prêtres sortant des classes élevées entreront avec succès dans le mouvement de pitié générale qui porte de plus en plus les forces vives de la nation vers les souffrants, les faibles, les déshérités. En s'intéressant à toutes les difficultés soulevées dans la société inquiète, ils aideront plus puissamment que d'autres à atténuer le conflit perpétuel entre la richesse et la pauvreté, entre la force et la faiblesse, dans un état de choses fondé sur l'égoïsme et le triomphe de la force. Par là, l'Église pourra reconquérir les âmes qui lui échappent. Cette question est le fond même de l'histoire de la société passée, et l'avenir dépend de sa solution. L'Église peut y arriver par la fécondité de ses œuvres.

Mais si le nombre actuel des prêtres ne suffit pas au ministère ordinaire des paroisses, qui épuise et ruine souvent en peu d'années les plus vigoureuses constitutions, il n'est pas à même de faire face à toutes les nécessités urgentes qui exigent un ministère spirituel en rapport avec les goûts, les occupations, la culture et les préjugés des contemporains. En dehors du ministère pastoral ordinaire et traditionnel du prêtre vivant au milieu de ses ouailles, des formes nouvelles s'imposent, surtout pour les élites intellectuelles et sociales.

Les vocations ecclésiastiques spéciales dont

il est question, offrent des avantages pour l'É-
glise dans l'état présent des esprits. Les rela-
tions seront facilitées avec beaucoup de ceux
qui rencontrent rarement le prêtre. Les préjugés
de certains tomberont plus facilement en présence
du sacrifice et du désintéressement plus visible,
sans compter l'élément de la juste considération
qui s'attache à la possession noblement acquise
des biens de ce monde, avec des noms avantageu-
sement connus et déjà honorés. En dehors de
ces raisons, il y aura de plus en plus, pendant
longtemps, des paroisses qui ne pourront offrir
les ressources très modiques suffisantes à la vie
d'un prêtre. Là un ecclésiastique muni de patrimoine vivra indépendant de tous.

C'est principalement dans la bataille des idées
qui, en réalité, mènent le monde, que le prêtre
sortant des élites sociales peut rendre de précieux services à l'Église, grâce aux circonstances
plus favorables dans lesquelles il se livre à des
études plus complètes. Sans doute, la vertu
et la sainteté dissiperont par elles-mêmes bien
des malentendus religieux et sociaux. Mais, en
général, pour se faire accepter d'un monde méfiant
et dédaigneux, il faut la compétence et la préci-
sion que donne une solide culture littéraire,
scientifique et théologique. Il est souverainement
désirable que le prêtre pénètre dans l'âme de son

siècle, et qu'il sache joindre à l'esprit des belles époques de la foi chrétienne l'intelligence très nette des nécessités présentes.

Le clergé doit prouver que l'Église n'a pas seulement le dernier mot sur tous les problèmes de la vie morale, mais qu'elle seule peut poser et discuter les problèmes de toute philosophie religieuse, qu'elle a la perception salutaire, complète, rationnelle de toutes les vertus sociales. Pour cela il ne suffit pas de quelques connaissances entassées passivement dans l'esprit, il faut une science vivante, une science de lumière et d'action, engendrée par la contemplation du dogme chrétien, par la méditation simultanée des choses éternelles et des besoins du temps présent. Jamais il n'y a eu pour le prêtre tant à étudier, tant à combattre, tant à contredire. Léon XIII a caractérisé dans l'Encyclique *Etsi nos* les qualités nécessaires au clergé de notre époque : « De graves « raisons communes à tous les temps demandent « que les prêtres soient ornés de grandes et « fortes vertus. Toutefois les temps où nous « vivons exigent plus encore. En effet, la dé-« fense de la foi catholique, qui revient sur-« tout au prêtre et qui est aujourd'hui si néces-« saire, réclame une doctrine qui ne soit point « vulgaire ni médiocre, mais éminente et variée; « une doctrine qui n'embrasse pas seulement

« les sciences sacrées, mais aussi les sciences
« philosophiques, et qui soit riche de toutes
« les découvertes physiques et historiques. Il
« faut déraciner les nombreuses erreurs de ceux
« qui sapent chacun des fondements de la sa-
« gesse chrétienne; il faut lutter avec des adver-
« saires très préparés, opiniâtres dans la contro-
« verse, qui empruntent perfidement des armes
« à toutes les branches de la science (¹). »

De toutes parts les sciences s'insurgent contre
l'Église. Des docteurs sont nécessaires pour occu-
per les chaires des professeurs dans les collèges
chrétiens, dans les universités catholiques et
les hautes écoles du clergé.

Là d'immenses efforts sont à faire contre l'ins-
truction rationaliste et impie, contre la poussée
savante des préjugés et des passions. Dans l'état
actuel du monde, l'éducation des enfants et la
formation de la jeunesse constituent une partie
essentielle de l'apostolat.

Quant à la grande force qu'est la presse, elle
est presque totalement entre les mains des laïques.
N'est-ce pas une chose anormale que le clergé
français, que les laïques français reçoivent des
seuls laïques ce qu'il faut penser des événements
du monde et des questions mixtes ou essentiel-

(¹) 1ᵉʳ février 1882.

lement religieuses? Des lectures quotidiennes pleines d'idées fausses et inexactes souvent, où s'étale pour le moins un zèle intempestif, manquant du sens de la mesure et de la juste appréciation des choses, ne sont formatrices pour personne, encore moins pour le clergé.

Afin de faire face à tant de nécessités, des années de préparation sont requises, avec le sceau des examens et des grades, avec l'assurance d'une forte science et d'une saine érudition. Les sujets sortant des élites sociales peuvent se munir de plus de connaissances, étant pour cela dans des conditions plus favorables.

Est-il besoin de recommander au dévouement et aux inspirations des élites sociales la gravité et l'importance de l'apostolat lointain chez les infidèles, qui est resté jusqu'à nos jours la vocation spéciale de la France? Notre pays a répandu dans le monde, avec cette ardente initiative, ce courage indomptable et cette intelligence claire, qui sont les dons de notre race et de notre foi, les vraies lumières d'une civilisation dont l'Église est la source et la loi. Quelle gloire devant Dieu et devant les hommes que ces armées de prêtres, de religieux et de religieuses, qui s'en vont au-devant des plus rudes sacrifices, malgré les larmes de leurs proches, qu'ils quittent pour toujours, fidèles à la grande voix qui retentit depuis dix-neuf siècles dans l'Église : « Allez, enseignez toutes les nations; voici que je suis avec vous jusqu'à la consommation des siècles. »

Sous prétexte qu'il y a des infidèles aussi en notre pays, faudra-t-il abandonner ce rôle magnifique de la Fille aînée de l'Église qui s'écrie comme le grand apôtre : *Vae mihi si non evangelizavero* (¹). « Église de France, dit·éloquemment Fénelon, « ne perdez pas votre couronne. D'une main, « allaitez dans votre sein vos propres enfants; « étendez l'autre sur cette extrémité de la terre « où tant de nouveaux-nés, encore tendres en « Jésus-Christ, poussent de faibles cris vers vous, « en attendant que vous ayez pour eux des en-« trailles de mère (²). »

Quelle famille traditionnellement française et catholique, attachée aux trésors de gloire accumulés par les siècles passés, croyant à toutes les puissances de résurrection nationale de la France, pourrait rester indifférente en face de ces intérêts vitaux et ne voudrait les servir, non seulement avec l'or de sa fortune, mais avec l'impôt du sang?

(¹) II. Cor., IX, 16.
(²) Sermon pour la fête de l'Epiphanie.

VIII

Belle époque
pour entrer dans l'état ecclésiastique

Il sera beau de voir sortir du sein de notre société à moitié déchristianisée, une jeunesse dédaigneuse des vanités de ce monde, portant dans sa personnalité humaine le divin sacerdoce de Notre-Seigneur Jésus-Christ, s'avançant avec sa grâce à travers des monceaux d'erreurs, de malentendus, de tristesses, en vue d'autres combats où seront engagés les plus graves intérêts du pays, l'enseignement à tous ses degrés, la science chrétienne, la presse catholique, les missions lointaines.

Sera-t-il possible qu'elle reparaisse, après la guerre, cette jeunesse des classes élevées, qui avait des dehors, de l'élégance, un vernis de politesse et de savoir-vivre, une légère culture littéraire et scientifique, mais qui, lassée avant d'avoir rien fait, dépouillée de ses convictions et des traditions de la foi, ayant puisé dans une époque déshabituée des choses héroïques le dégoût de la lutte, prise de vertige et buvant à des sources empoisonnées « le feu qui dévore jusqu'à la racine (¹) » vivait dans l'impuissance de vouloir et d'agir, se repaissait parfois d'un matérialisme philosophique, où elle cherchait la justification des jouissances basses et des désordres?

Il faut être fort pour résister aux entraînements de l'exemple, aux périlleuses facilités que donne la richesse, pour aller au rebours de la foule et s'isoler de son milieu. Nous espérons voir apparaître, au lendemain de la guerre, une jeunesse victorieuse de ses passions, une jeunesse croyante et chaste, fidèle aux vertus ancestrales, avec le dédain de tout ce qui est bas et vulgaire, des âmes profondes, pleines de foi, d'obéissance, de fierté, d'initiatives, d'élan, d'enthousiasme, d'oubli d'elles-mêmes, ayant au cœur, possédé de la passion du sacrifice, le désir de sublimes ascensions !

L'Église et la civilisation n'eurent jamais plus besoin de champions jeunes et vaillants dans la bataille effroyable engagée contre la foi chrétienne. C'est seulement par la raison ferme, la foi résolue, la conscience indomptable, qu'ils parviendront à changer les idées de ce temps. Elle existe déjà, cette jeunesse, glorieux épanouissement de la famille chrétienne, race de nouveaux Macchabées; elle a passé au creuset

(¹) Job., XXXI, 12.

des souffrances qui l'a purifiée et l'a rendue propre au travail de la régénération. Elle a peuplé l'armée d'officiers et de soldats d'une foi ardente et conquérante. Cette jeunesse sera étrangère aux vieilles querelles, ignorante des longues compétitions, n'y trouvant ni goût pour elle-même ni profit pour le pays. Elle cherchera ailleurs, dans le dévouement aux intérêts de la patrie, dans la solution des problèmes religieux et sociaux, l'orientation de ses destinées. C'est par elle, par ses actes de foi libérateurs, que s'ouvriront les portes de l'avenir.

Mais pourquoi cette jeunesse ne ferait-elle pas un pas de plus, le pas qui sépare du monde et place dans le sanctuaire? Pourquoi ne viendrait-elle pas à l'Église, avec ses vingt ans, à cet âge heureux où l'on rêve à se donner sans ombre d'égoïsme? Assurément on se meut dans le domaine de la liberté : la consécration d'une vie à l'état sacerdotal ou à l'état religieux ne s'impose à personne comme condition de salut. Quand il s'agit de précepte, comme dit le Maître au jeune homme de l'Évangile, il n'est pas question d'élection libre, c'est l'obligation, c'est la loi. Le Maître parle à l'impératif : *Serva mandata.* Pour le reste, il laisse l'option : *Si vis perfectus esse.* Cet âge est celui des résolutions décisives, comme des grandes générosités. Qu'on s'interroge pour savoir si l'on est capable de renoncement et de sacrifice, ou si l'on se contente de vouloir conduire sa vie par les voies banales et les sentiers vulgaires qui mènent à s'enrichir, à s'amuser, à jouir, au lieu de l'ennoblir, de la sanctifier, par l'offrande à l'autel du Seigneur, par le service de l'Église, par le dévouement aux âmes.

Le jeune homme de l'Évangile était à cet âge des nobles sentiments et des glorieux combats. L'Évangéliste le qualifie de *princeps* : il appartenait aux élites sociales. Jésus l'ayant vu et l'ayant regardé de ce regard qui sonde les abîmes, vit sa beauté morale dans la recherche de l'idéal et l'invita à le suivre. Cet adolescent ne fut point généreux et ne répondit pas aux offres de Jésus. L'obstacle qui le retenait était la richesse : *Erat autem habens multas possessiones* (¹). Il vivait mollement dans les aises de la vie, dans les habitudes de luxe et de bien-être. Ce jeune homme inconnu, dont le nom n'est même pas resté, eût été, peut-être, après Jean, le disciple que Jésus aimait, un évangéliste de plus, un des maîtres de l'humanité. Mais non, il ne fut qu'un propriétaire, il administra ses biens, et il mourut.

Qu'ils viennent, les jeunes gens vaillants et

_____

(¹) Matt., XIX, 22.

forts, qu'ils viennent dans la fleur de l'âge. Mais qu'un âge plus avancé n'arrête pas ceux qui se sentent attirés par les combats du Seigneur. L'entrée dans le sacerdoce n'est pas irrégulière pour ceux qui ont déjà connu le monde et qui peuvent apporter au ministère des âmes l'expérience acquise des choses de la vie. « C'est « par des hommes tirés de leur barque ou de leur « comptoir, écrit le cardinal Pie (¹), que l'Évan- « gile a été propagé dans l'univers; et, long- « temps après les apôtres, c'était des chaises « curules et des fonctions de la magistrature, « de l'administration ou de l'enseignement, que « procédaient des Pontifes tels qu'Hilaire, qu'Am- « broise, qu'Augustin et la plupart de nos premiers « évêques des Gaules et de la France même. « Des jours viendront-ils où les besoins de la « religion feront revivre quelque chose de sem- « blable? L'Église dépossédée de ses plus légi- « times immunités, en particulier, de l'exemp- « tion du service militaire, devra-t-elle appeler « à son secours des chrétiens déjà avancés dans « la vie et délivrés des exigences d'une légis- « lation hostile au recrutement du sacerdoce? « Il est permis de se poser aujourd'hui ces ques- « tions, et nous n'avons pas lu sans émotion ce

______

(¹) *Œuvres,* t. IX, p. 466.

« que disait naguère à ce sujet un de nos plus
« religieux comme de nos plus éminents ora-
« teurs laïques. « La libre pensée, s'écriait-il,
« veut arrêter le recrutement du clergé en rete-
« nant sous les armes les aspirants au sacerdoce...,
« mais la veine du sacrifice chrétien n'est pas
« à la veille d'être épuisée; et si la jeunesse était
« ravie aux vocations religieuses, l'âge mûr en
« fournirait encore (¹). »

Dieu ne cesse d'inviter les hommes à son service. Il y appelle les oisifs de la place publique :
« *Quid hic statis tota die otiosi?* Pourquoi demeurez-
vous ainsi tout le jour à ne rien faire? » Vous
ne pouvez répondre : *Quia nemo nos conduxit.*
Le Seigneur vous appelle. « Allez donc, vous
dit-il, allez, vous aussi, à ma vigne, *Ite et vos in
vineam meam.* » Entrez dans le service de l'Église
qui poursuit son éternelle mission dans le monde,
messagère de la vérité, de la charité et la paix.
Entrez avec toutes vos qualités, même avec vos
richesses. Si l'Église offrait la fortune, il pourrait
être permis d'en abandonner l'accès aux autres;
mais parce qu'elle est pauvre, ce sera votre
honneur d'accourir vers elle et d'apporter avec
vous ce qu'elle est désormais impuissante à donner
elle-même. Vous honorerez votre ministère par

(¹) Discours de M. Chesnelong à Anvers, 1877.

l'exercice de la charité. « Que de fois, écrivait saint François Xavier du fond de l'Asie, que de fois il m'est venu à l'esprit de parcourir les académies de l'Europe, principalement celle de Paris, et, au risque d'être pris pour un fou, d'y crier de toutes mes forces à ces milliers d'étudiants ou de docteurs : « Hélas ! quel nombre immense « d'âmes exclues du ciel et rejetées vers l'enfer « parce que vous leur aurez fait défaut ! » Plût à Dieu que le soin qu'ils ont mis aux études, ils le missent désormais à se préparer à rendre compte à Dieu de leur science et des talents qu'ils ont reçus (¹) ! »

Qu'elle s'avance, cette jeunesse : l'état ecclésiastique et les travaux apostoliques lui assureront plus de liberté d'esprit, plus d'allégresse de cœur, plus de sécurité d'âme que cette vie mondaine qui se dilapide si souvent dans les sports, les cercles, dans les réunions, à ne rien faire. Qu'à la suite de cette épouvantable guerre, il s'élève une de ces générations de pasteurs, de docteurs, d'apôtres et, s'il le faut, de martyrs, qui changent la face de la terre. Que de partout retentisse leur voix pour prêcher cet Évangile duquel Taine écrivait « qu'il n'y a plus que lui pour nous retenir sur notre pente fatale, pour enrayer le

(¹) S. Franc. Xaverii, *Epist.*, libr. I, epist. xiv, n. 8.

glissement insensible par lequel incessamment et de tout son poids, notre race rétrograde vers les bas fonds », afin que la France soit, comme jadis, grande et forte, paisible à l'intérieur et puissante au dehors, qu'elle retrouve la plénitude de la foi et des pratiques religieuses. Si elle peut reconstituer son clergé, avec quelle joie ne pourra-t-on pas rappeler les paroles de Bossuet contemplant l'Église de France dans tout son éclat : « Quel spectacle ! Quelle assemblée, quelle beauté de l'Église ! »

TABLE DES MATIÈRES

La Chapelle-Montligeon (Orne). — Imp. de Montligeon. — 7861·9·16.